AF359324

LA PRISE

DE JÉRICHO,

ORATORIO EN TROIS PARTIES,

REPRÉSENTÉ

SUR LE THÉATRE DE L'ACADÉMIE IMPÉRIALE DE MUSIQUE,

LE 21 GERMINAL AN XIII.

PRIX : 1 franc 5o centimes.

A PARIS,

Chez BALLARD, Imprimeur de l'Académie impériale de
Musique, rue J.-J. Rousseau, n⁰. 14.

AN XIII. — 1805.

Cet ORATORIO, pour les Paroles et pour l'arrrangement de la Musique, est des mêmes auteurs que SAÜL.

Les Ballets et les Marches religieuses sont de M. MILON.

PREMIÈRE PARTIE.

SCÈNE TROISIÈME.

Entrée des Envoyés, chargés des fruits de la terre promise.

MM. St.-Amand, Branchu, Baptiste.
Mmes. Naley-Neuville, Delisle, Vestris.

MM. Henry, Ève, Auguste, Dejazet, Louis Petit, Toussaint, Vincent, Liger.
Mmes. Boilay, Mareiller, Guichard, Eugénie, Eulalie, Pensard, Dupuis, Baland.

SECONDE PARTIE.

SUITE DU ROI.

M. Vestris, Mme. Gardel.
M. Duport, Mlle. Duport.

PEUPLE.

M. Titus, Mlle. Saulnier.

MM. Lhuillier, Cantagrel, Biquière, Verneuil, Maze, Guillet, Petit, Ely.
Mmes. Léon, Adélaïde, Bourgeois, Aldebeld, Dejazet, Coulon première, Laurence, Coulon deuxième.

PRÊTRESSES.

Mlles. Louise, Bigottini, Mareiller, Félicité, Rivière.
Mlles. Boilay, Dupuis, Guichard, Jenny, Pensard, Delphine.

PRÊTRES.

M. Aumer, Grand-Prêtre.
MM. Butteaud, Justin, Suriot, Petit, Rivière, Godefroi, Lenfant, Bance, Galais, Leroi.

TROISIÈME PARTIE.

M. Léon, Mlle. Mareillier.
MM. Henry, Ève, Auguste, Dejazet, Louis Petit, Toussaint aîné, Vincent, Liger.
Mmes. Adélaïde, Aldebeld, Dejazet, Coulon, Boilay, Delphine, Guichard, Dupuis.

PERSONNAGES.

MOYSE.	M. ADRIEN.
JOSUÉ.	M. LAINEZ.
PHARAN, roi de Jéricho,	M. CHÉRON.
ÉLIÉZER,	M. ROLAND.
HORAM, Vieillard,	M. BERTIN.
ÉLÉAZAR, Grand-Prêtre d'Israël,	M. PICARD.
NABAL, Confident de Pharan,	M. ÉLOI.
Un Officier de Pharan,	M. MARTIN.
AXA, Grande-Prêtresse de Baal,	Mlle. ARMAND.
RAHAB, Prêtresse *idem*.	Mme. BRANCHU.

Plusieurs Coryphées hommes et femmes ;
Peuple d'Israël, Lévites, Tribus, Prêtres ;
Peuple de Jéricho, Prêtres, Prêtresses.

La Scène est dans la plaine de Moab, pour la première Partie.

Pour la deuxième et la troisième Partie, la scène se passe dans l'extérieur et l'intérieur de Jéricho.

LA PRISE DE JÉRICHO,

ORATORIO EN TROIS PARTIES.

PREMIÈRE PARTIE.

Le Théâtre représente la plaine de Moab. Sur un des côtés, on voit la tente de Moyse et plusieurs tentes dans l'éloignement. Le fond est occupé par la haute montagne du Nébo.

SCENE PREMIERE.

Pendant l'ouverture, on entend des coups de tonnerre qui se succèdent et s'éloignent insensiblement.

(L'ouverture est de Mozart.)

Au lever de la toile, les Israélites sont sur la scène ; la montagne est cachée par des nuages.

PEUPLE D'ISRAEL, *la tribu de Benjamin armée,* ÉLIÉZER, *plusieurs Coryphées, hommes et femmes.*

CHŒUR (*d'Haydn.*)

QUE présage
Cet orage
Qui trouble la terre et les cieux ?

A

Dieu sévère ,
Ta colère
Va-t-elle éclater à nos yeux ?

UN CORYPHÉE.

C'est Moyse
Qu'il favorise
De ses ordres secrets.
Son prophète,
Son interprète,
Lui parle et reçoit ses décrets.

CHŒUR.

Dans ces plaines,
Que de peines
Chaque jour nous a vus souffrir !
Nos maux sont-ils prêts à finir ?
(Les nuages commencent à s'éclaircir.)

CHŒUR.

Dans ce nuage qui s'élève ,
Dieu quitte notre humble séjour.
*(Les nuages se dissipent et laissent voir Moyse, au pied
du Nébo.*

CHŒUR.

O Moyse ! Moyse, achève ;
Annonces-tu sa haine ou son amour ?

SCENE II.

LES PRÉCÉDENS, MOYSE.

MOYSE.

PEUPLE, rassure-toi. C'est sa bonté pour nous,
Qu'au milieu des éclairs, ton Dieu m'a fait connaître.
D'une terre promise à tes vœux les plus doux,
Par de vaillantes mains, ce jour te rendra maître.
  Déjà, des fruits qu'elle fait naître,
On nous apporte ici les gages précieux.
  O jour de gloire ! ô jour heureux !
Peuple, nos envoyés sont près de reparaître ;
Leur retour est certain, le camp va les revoir.
  (à la tribu.)
Tribu de Benjamin, allez les recevoir. *(Elle sort.)*
  (à Eliézer.)
Toi, fils de Josué, sa plus chère espérance,
Va dire à ce héros qu'un objet important
Auprès de moi l'appèle, et qu'un ami l'attend.
  (Eliézer sort ; le peuple se retire.)

SCENE III.

MOYSE.

CIEL ! voilà donc l'instant marqué dans ta vengeance !
Et, coupable une fois d'un doute qui t'offense,

     A 2

Moyse en ces lieux doit mourir !
Ce pays desiré , bienfait de ta clémence ,
        Aux Hébreux , sans moi , va s'ouvrir !

Air (de Paër.)

« Grand Dieu ! ta main réclame (1)
» Les dons que j'en ai reçus.
» Elle va couper la trame
» Des jours qu'elle m'a tissus ».

Plein d'un espoir qui me rassure,
Je vais donc, après un long cours ,
Me rejoindre à ma source pure,
Au suprême auteur de mes jours.
Grand Dieu ! etc.

(*On entend un prélude.*)

Je vois de l'Eternel s'accomplir les promesses,
Et vers nous , de Canam , on porte les richesses.

(*Entrée des Envoyés chargés des fruits de la terre
promise ; on danse , on offre à Moyse les différentes
productions du pays de Canaan. La danse est interrompue par Eliézer.*)

-----

(1) Paroles de J.-B. Rousseau.

SCENE IV.

LES PRÉCÉDENS, ÉLIÉZER, HORAM.

ÉLIÉZER.

Moyse ! suspendons et les chants et les jeux.
A Josué mon père, un récit douloureux
Apprend en ce moment le malheur de nos frères ;
De tous nos envoyés vous fêtez le retour,
Et plusieurs sont captifs ! et des mains sanguinaires,
Sur l'autel de Baal, vont leur ravir le jour !

MOYSE.

Qu'entends-je ?

HORAM.

Notre mort n'était pas moins certaine,
Si, par un miracle des cieux,
Une jeune Cananéenne,
Une prêtresse des faux Dieux,
Rahab, n'eût brisé notre chaîne.

ÉLIÉZER.

Rahab !

HORAM.

Nous devons tout à ses soins généreux.
Mais les autres, en vain, réclameraient son zèle ;
Le Roi veut qu'à Baal leur encens soit offert.

ÉLIÉZER.

Leur cœur, à notre loi, serait-il infidèle ?

MOYSE.

Ah ! courons prévenir…

UN ISRAÉLITE.

Nul chemin n'est ouvert.

MOYSE.

Dieu marche devant vous, banissez vos allarmes.

UN AUTRE ISRAÉLITE.

Contre cinq rois ligués, que sont nos faibles armes ?

MOYSE.

Volez à Jéricho !

UN AUTRE ISRAÉLITE.

Retournons au désert.

MOYSE.

AIR.

Armez sans crainte, armez vos bras ;
A ces rois protecteurs des crimes,
Courez arracher des victimes.
Armez sans crainte, armez vos bras,
Et l'effroi va suivre vos pas.

UNE PARTIE DU CHŒUR.

(de Haydn.)

Que cette terre à nos aïeux promise
Soit à jamais soumise ;
C'est Dieu qui conduira nos coups.

ÉPITRE

A MESSIEURS

LES OFFICIERS

DU

REGIMENT D'INFANTERIE

DU ROI.

MESSIEURS,

EN vous préfentant cet Ouvrage, je vous rends une chofe qui vous appartient bien naturellement ; c'eft l'Enfant d'un beau feu, que l'honneur d'être fous vos Drapeaux pourroit feul animer affez, pour délier une langue glacée, que mille malheurs fembloient condamner à un filence éternel. Le champ de la Poëfie, & fur-tout celui que j'ai choifi, eft le théâtre de la flatterie & de l'exagération ; mais ici je n'ai pas eû befoin de fon privilége : &, au contraire, il y

SCENE V.

LES PRÉCÉDENS, JOSUÉ.

JOSUÉ.

Arrêtez! arrêtez! quels indignes obstacles!
Eh quoi! vous délaissez vos frères malheureux?
Ingrats! après tant de miracles,
Par un doute séditieux,
Vous insultez à nos oracles?
Celui qui, dans la nuit, guida vos pas errans,
Qui, des flancs de l'Horeb, fit jaillir des torrens,
Qui, des Amorhéens, tremblans à votre vue,
Confondit, à Séhon, les efforts menaçans,
Saura d'une cité, par Baal défendue,
Renverser les murs impuissans.

MOYSE, *vivement.*

C'est le ciel qui vous parle. A ce transport sublime,
Reconnaissez un chef que son esprit anime.
Soyez tous attentifs à mes derniers accens:
Voilà mon successeur, c'est Josué lui-même,
Qu'a choisi, du Seigneur, la volonté suprême.

JOSUÉ.

Pour oser conduire Israël,
Je connais trop bien ma faiblesse,

C'est Moyse qui doit, du Ciel,
Seconder la main vengeresse.

MOYSE.

C'est toi. Tu soumettras le barbare étranger,
Seul, tu dois achever cette grande entreprise ;
Le ciel refuse à Moyse,
L'honneur de la partager.

JOSUÉ, *à Moyse.*

A ce peuple qui vous honore,
Commandez, commandez toujours.

MOYSE.

Non, non, je touche au terme de mes jours,
Et j'ai vu ma dernière aurore.

CHŒUR et JOSUÉ.

Pour Israël quelles douleurs !
Qu'il va verser de pleurs !

MOYSE.

Prêtres, qu'en ce moment les trompettes sacrées
Rassemblent à l'autel nos tribus séparées.
Offrez un sacrifice au Dieu qui nous défend,
Qu'il mène à Jéricho son peuple triomphant !
(*avec enthousiasme.*)
Je te verrai, du moins, ô fertile contrée !
C'est du haut de ce mont, qu'à l'instant de mourir,
Dieu, qui m'en refuse l'entrée,
A mes derniers regards a promis de l'offrir.

B

SCENE VI.

LES PRÉCÉDENS; *Entrée des sacrificateurs, des tribus, etc.; on porte devant le grand-Prêtre Eléazar les tables de la loi, les marques du commandement et tout ce qui sert au sacrifice.*

Marche religieuse (*de Mozart.*)

Pendant le sacrifice, Moyse remet à Josué les tables de la Loi et les attributs du commandement.

C H Œ U R (*d'Haydn.*)

D I E U puissant, voilà ton choix !
Pour lui, daigne entendre nos voix !
Que ta présence,
Soit sa défense
Contre l'orgueil des rois !
Brillantes et fortunées,
Que ses années
En nombre, égalent ses exploits.

LE GRAND-Prêtre.

Moyse, dès long-tems, possède
Ta confiance et ton amour ;
Que le héros qui lui succède,
A tes yeux soit cher à son tour !

LE Chœur *reprend:*

Dieu puissant, etc.

(Pendant cette reprise du chœur, Moyse monte sur le Nébo ; quand il en a touché le sommet, une lumière éclatante et subite lui fait voir la terre promise ; les bras étendus vers le ciel, il la contemple avec admiration et transport.)

MOYSE.

Jéricho ! Jéricho !
(Un tourbillon de flamme l'enveloppe.)

CHŒUR GÉNÉRAL.

O jour de deuil ! ô regret !
Loin de nos yeux, il disparaît !

CHŒUR *(d'Handel.)*

Moyse, hélas ! quitte la terre :
Il sut adoucir tous nos maux ;
Qu'il trouve, dans le sein d'un père,
Le prix de ses nobles travaux.

JOSUÉ.

Nos frères opprimés sortiront d'esclavage ;
Marchons, et de Moyse allons finir l'ouvrage.

ÉLIÉZER.

Ils sont près de Baal, et loin de nos secours !
Ah ! je crains pour leur foi, bien plus que pour leurs jours.

FINALE.

Tu dois trembler, cité perfide,
Ta richesse enflait ton orgueil ;
L'invisible bras qui nous guide,
De ta gloire a marqué l'écueil.

CHŒUR.

Tu dois trembler, cité perfide, etc.

JOSUÉ et le CHŒUR.

D'un voile épais l'ombre funeste
T'enveloppe de toutes parts :
Ministres du courroux céleste,
Tu nous verras sur tes remparts.

FIN DE LA PREMIÈRE PARTIE.

DEUXIÈME PARTIE.

———

Le Théâtre représente une vallée. On voit d'un côté
l'extérieur d'un temple ; de l'autre, une fontaine et
divers monumens.

SCENE PREMIERE.

ÉLIÉZER, HORAM.

ELIÉZER.

Quoi ! cher Horam, à peine échappé du trépas,
Tu daignes, dans ces murs, accompagner mes pas !
  Retourne à Josué, dis-lui qu'une voix sainte,
    Dans ces lieux, semble m'entraîner ;
Que son fils le devance en cette affreuse enceinte,
Que j'annonce un vengeur aux captifs, que la crainte
    Devant Baal va prosterner.
Pars.

HORAM.

  Moi, t'abandonner, au péril qui te presse !
J'admire ton courage et je plains ta jeunesse,
Je ne te quitte point ; mais comment pénétrer
Jusques à nos Hébreux, que tu viens rassurer ?

ELIÉZER.

Voyons Rahab, elle est notre espérance,
Et ses traits sont présens à ta reconnaissance.

HORAM.

Elle a brisé nos fers, sans paraître à nos yeux ;
Mais voilà son séjour.

ELIÉZER.

Le temple des faux Dieux !
Tombe , tombe sur lui la céleste vengeance !

(on ouvre les portes du temple.)

On vient, retirons-nous, et pour Rahab, au moins ,
Craignons de dangereux témoins.

(Ils sortent.)

SCENE II.

AXA, GRANDE-PRÉTRESSE; LES PRÉTRESSES.

LA GRANDE-PRÉTRESSE.

Du temple de Baal , prêtresses révérées,
Au mépris de nos Dieux et de nos lois sacrées ,
L'une de vous , Rahab, a sauvé des Hébreux,
Et privé nos autels de leur sang odieux.

(à deux Prêtresses restées sur les marches du temple.)

Qu'on l'amène. Vengeons la majesté suprême
    D'un Dieu, de sa gloire jaloux,
    Et dévouons à l'anathême
    Un nom proscrit par son courroux.

SCENE III.

LES PRÉCÉDENTES, et RAHAB *que l'on amène.*

LA GRANDE-PRÊTRESSE, *à Rahab.*

DE ce temple sacré, sois à jamais bannie.

RAHAB.

A l'aspect du malheur, je me suis attendrie,
Un Dieu sait de mon cœur les sentimens cachés :
    Les maux de ma triste patrie
    Ne me seront point reprochés.

LA GRANDE-PRÊTRESSE.

    Qu'au front de la prêtresse impie,
    Les voiles saints soient arrachés.

(*On lui ôte la couronne de myrthe et le voile.*)

AIR. (*de Sacchini.*)

Je te livre à ton sort funeste.
Complice de ces vils Hébreux,
Encense un Dieu que je déteste !
Va, pour jamais fuis de mes yeux.

De ce Dieu , qu'Israël révère ,
Que tous les temples soient fermés !
Que par le flambeau de la guerre,
Tous ses autels soient consumés !

(Elles sortent.)

<hr>

SCENE IV.

RAHAB, *seule.*

Une fausse pitié m'aurait-elle séduite ?
Je n'ai point mérité mon sort et mon arrêt ;
Non, non , j'en crois le Dieu qui me parle en secret ;
     Sa loi me touche, et sa bonté m'invite.
C'est lui qui tant de fois, dans un songe enchanteur,
De l'un de ses enfans , m'offrant la douce image ,
Semblait me dire : « attends de lui seul , ton bonheur » :
Ah ! je sens qu'il m'absout, lorsqu'ici l'on m'outrage.

     Air (*Rondeau de Mozart.*)

Eh ! pourquoi me faire un crime
D'avoir plaint des malheureux ,
Quand d'un Dieu la voix sublime ,
A mon cœur, parlait pour eux ?
Cet intérêt si doux, si tendre ,
Qui ne l'éprouve comme moi ?
La loi qui peut me le défendre
Ne saurait être ma loi.
Eh ! pourquoi, etc.

Toi, que j'ignore et qui m'appèles,
Toi, mon refuge et mon soutien,
Même en ces murs infidèles,
Dieu d'Israël, sois le mien !
Non, non, ce n'est point un crime
De plaindre des malheureux,
Quand ta voix, ta voix sublime,
A mon cœur parle pour eux.
Mais où fuir ? A la honte hélas ! je suis livrée.
          (*Elle s'appuie sur la fontaine.*)

SCENE V.

RAHAB, HORAM, ÉLIÉZER.

ÉLIÉZER, *à Horam.*

Je n'apperçois ici qu'une femme éplorée.

RAHAB.

Que vois-je ! ô ciel ! celui...

HORAM, *à Rahab.*

                    Qui peut troubler vos jours ?
Venez-vous, de Baal, implorer le secours ?
Il ne calmera point votre douleur secrète.

RAHAB.

Loin de son temple, il me rejète.

ÉLIÉZER.

Eh ! quel crime si grand....

C

RAHAB.

        Moins barbare que lui,
A des infortunés j'ai prêté mon appui.

ÉLIÉZER.

Qu'entends-je ? votre nom ?

RAHAB.

         Mon nom, de la mémoire
Doit pour jamais être effacé.
Avec horreur, ton nom, Rahab, est prononcé.

ÉLIÉZER.

Rahab !

HORAM.

Rahab !

ÉLIÉZER.

       C'est vous ? puis-je le croire ?

HORAM.

Vous qu'ici nous cherchons !

ÉLIÉZER.

       Oui, Rahab, vous voyez
Deux enfans d'Israël, heureux d'être à vos pieds.
D'un peuple tout entier, vous méritez l'hommage,
Et moi, déjà séduit par l'attrait le plus doux,
Même, avant de vous voir, mon cœur volait vers vous.

RAHAB, *à part.*

Ciel !... quel rapport !... ces traits et ce langage...

Ce n'était donc pas une erreur ?
De Dieu je reconnais l'ouvrage !
(haut.) Mais vos périls troublent mon cœur.
(avec vivacité.)
Quittez tous deux, quittez un séjour redoutable.
Jusqu'à la nuit, les miens sauront vous recueillir :
Tout ici pourrait vous trahir,
Votre perte est inévitable.

HORAM.

Vers nos frères, daignez nous ouvrir un chemin.

RAHAB.

Aux autels de Baal, le roi les fait paraître,

HORAM et ELIÉZER.

Montrons-nous à leurs yeux.

RAHAB.

C'est les perdre peut-être.

ELIÉZER.

Marchons !

RAHAB.

Ciel ! je frémis d'un si fatal dessein !
Duo (de Paësiello.)
(Horam s'éloigne pour observer.)

RAHAB.

Je vois, je vois l'abîme
Qui s'ouvre sous vos pas ;
Trop aveugle victime,
Vous courez au trépas.

C 2

ELIÉZER.

Le zèle qui m'anime,
Ne le redoute pas.

RAHAB.

D'un roi cruel, évitez la colère.

ELIÉZER,

Sous l'appui d'un bras tutélaire,
J'affronte un vain courroux.

ÉLIÉZER.

Qu'importe sa vengeance,
Sa fragile puissance,
Quand Dieu veille sur nous !

RAHAB.

Sur vous, de la vengeance
N'attirez pas les coups :
Mon cœur tremble pour vous.

ENSEMBLE.

RAHAB.

Fuyez.

ELIÉZER.

Moi, fuir !

RAHAB.

Fuyez l'affreux abîme
Qui s'ouvre sous vos pas.

ELIÉZER.

Non, le Dieu qui m'anime
Saura fermer l'abîme,
Qui s'ouvre sous mes pas.

ENSEMBLE.

RAHAB.

Votre Dieu voit mes larmes,
J'ose espérer en lui.

ELIÉZER.

Du faible en ses allarmes,
Il est toujours l'appui.

RAHAB.

En secret, je l'implore.

ELIÉZER.

Vous chérirez sa loi.

RAHAB.

Je n'ose croire encore
A sa pitié pour moi.

ELIÉZER.

Espérez, il l'ordonne.

RAHAB.

A lui, je m'abandonne.

ELIÉZER.

Il écoute vos vœux.

RAHAB, *avec enthousiasme.*

O clarté qui m'étonne!
Quel jour brille à mes yeux!

ELIÉZER.

C'est Dieu qui vous appéle.

RAHAB.

Il reçoit un cœur fidèle.

ELIÉZER.

Voilà ses premiers bienfaits.

RAHAB.

Ah ! déjà quels doux effets !

ENSEMBLE.

Un trouble heureux m'agite,
Mon cœur ému palpite,
Dieu ! quels dons tu nous as faits !

TRIO.

HORAM, *s'approchant.*

Viens , le tems nous presse :
Des Hébreux, la détresse
Réclame nos secours.

ELIÉZER.

Allons sauver leurs jours.

HORAM, ELIÉZER.	RAHAB.
Que rien ne nous arrête,	Que ma voix vous arrête,
Osons les secourir;	Quoi ! vous voulez mourir !
Et si leur mort s'apprête	A la mort qui s'apprête,
Près d'eux, il faut mourir.	N'allez pas vous offrir.

(*Ils sortent, Rahab les suit, en cherchant à les retenir.*

SCENE VI.

Le Théâtre change et représente l'intérieur du temple de Baal. (1) *Le feu brûle sur l'autel aux pieds de l'idole.*

(*On danse autour de l'autel. Après le premier air de danse.*)

C H Œ U R , *chanté et dansé* , (de Nicolini.)

PUISSANT génie,
Source infinie,
Et de grandeur et de bonté,
Clarté féconde,
Tu rends au monde
Et sa parure et sa beauté.

C O R Y P H É E.

C'est de ton ame
Que naît la flamme
Qui se répand dans tous nos sens!

C H Œ U R.

Puissant génie, etc.

C O R Y P H É E.

Aux fleurs tu donnes,
Et leurs couronnes,
Et leur éclat, et leur encens;
Tous nos plaisirs sont tes présens.

---

(1) La plupart des nations idolâtres donnaient le nom de Baal au soleil, qu'elles regardaient comme le seul Dieu du ciel.

CHŒUR.

Puissant génie,
Source infinie,
Et de grandeur et de bonté,
Est-il sans toi de volupté !

SCENE VII.

Entrée du Roi, précédé de sa garde. Sa cour l'accom-
pagne ; les Hébreux captifs sont enchaînés de fleurs et
conduits par des Prêtres.

(Marche de Mozart, sur laquelle on danse autour des
Hébreux. Le Roi Pharan se place sur son trône.)

AXA, GRANDE-PRÊTRESSE.

AIR (de Sacchini.)

SEUL maître de la terre,
Toi, dont le souffle éteint et rallume la guerre,
Venge tes droits,
Punis à-la-fois
Le mépris de ta gloire
Et de nos lois !
D'un bras puissant, d'un bras vainqueur,
Répands devant toi la terreur ;
Venge ta gloire,
Dieu protecteur !
D'un si grand jour, consacrant la mémoire,
Nous publierons ta victoire
Et ta grandeur.　　　 *(On danse.)*

La danse est interrompue, le roi se lève, se rend à l'autel,
et s'y prosterne.

(Les Hébreux sont près de l'autel.)

PHARAN.

De Baal irrité, le bras puissant se lève
Contre nos ennemis, qu'il veut anéantir.
Le Jourdain que sa voix soulève,
S'ils osent avancer, saura les engloutir.
(aux Hébreux.)
Etrangers qui portez mes chaînes,
Servez Baal, ou périssez.
(Les Hébreux font un mouvement pour se jetter aux pieds
de l'idole.)

SCENE VII.

LES PRÉCÉDENS; ELIESER, HORAM,
entrant précipitamment.

ELIÉZER, HORAM.

AMIS, que faites-vous ? pour des idoles vaines,
Quoi ! c'est Dieu que vous trahissez !

FINALE.
PHARAN.
AIR (de Sacchini.)

Ciel ! dans ce temple même,
Je vois mes ennemis !
De cette audace extrême,

D

Vous serez tous punis.
A cette mort sanglante,
Que vous osez chercher,
Que ce Dieu que l'on vante,
Vienne vous arracher.

   (*On se saisit d'Éliézer et d'Horam.*)

  ELIÉZER, HORAM.

Blasphémateur audacieux,
Sais-tu bien que ce Dieu qui commande à la foudre,
A l'instant peut réduire en poudre,
Et ton trône et toi-même, à l'aspect de tes Dieux !

  (*La foudre tombe et consume l'idole.*)

PHARAN avec le CHŒUR (de Mozart) *à demi-voix.*

O prodige ! ô terreur !
Sur nous quelle puissance,
Fait tomber sa vengeance
Et nous glace d'horreur ?

  ELIÉZER, HORAM.

Achève, Dieu vengeur :
Signale ta puissance !
A leur lâche insolence,
Egale ta fureur.

SCENE VIII.

NABAL.

Prince, notre ennemi nous appèle aux combats ;
Déjà, vers le Jourdain il dirige ses pas.

PHARAN.

Qu'il tremble ! Allons, volons sur son passage.
(*montrant les Hébreux.*)
Vils Hébreux, dans les fers, attendez le trépas ;
Et vous, jurez de punir cet outrage.

CHŒUR (*de Durante.*)

De leur lâche trahison,
Courons prévenir l'audace ;
D'une trop perfide race,
Jurons d'effacer jusqu'au nom.

PHARAN et le CHŒUR. (*d'Haydn.*)

Marchons, marchons ; que notre rage
Dans tous les rangs porte l'horreur !
Signalons-nous par le carnage
Et la vengeance et la fureur.

FIN DE LA DEUXIÈME PARTIE.

TROISIÈME PARTIE.

Le théâtre représente l'extérieur des fortifications de Jéricho, ou la ville des Palmes ; la première enceinte des remparts est praticable.

SCENE PREMIERE

PHARAN, NABAL, ET AUTRES COURTISANS.

PHARAN.

QUEL pouvoir les protège, et quel Dieu les excite ?
De cette race Israélite
Rien ne peut donc arrêter les efforts !
Nabal, je les ai vus, de l'onde obéissante,
Franchir la barrière impuissante ;
Ets s'élancer sur nos bords.

A I R (de Piccini.)
O surprise ! ô douleur ! ô rage !
Quoi ! les eaux s'ouvrent à leurs voix !
J'ai cru jouir de leur naufrage,
C'est leur triomphe que je vois !
Devant eux, la foudre soudaine,
Renverse nos autels fumans ;
Un fleuve à sa source ramène
Ses flots pressés par leurs enchantemens.

Quelle est donc la main souveraine
Qui leur soumet les élémens ?
O surprise ! etc.

N A B A L.

Ah ! rassurons, Seigneur, nos esprits allarmés !
On nous attaque ; eh bien ! sommes-nous désarmés ?
Des rois, nos alliés sont tout prêts à paraître.
    Ils viendront...

P H A R A N.

    Trop tard, peut-être.
Plus d'espoir. Loin des murs qu'il a long-tems aimés,
    Un Dieu protecteur se retire.
Mais, que dis-je ! ô Baal ! c'est sa voix ! il m'inspire !
    Et j'entends ses secrets avis.
Unissons à la force un heureux stratagême :
Par ces Juifs prisonniers, par Rahab elle-même,
    Oui, mes projets seront servis.
    (On entend la marche des Israélites.)
    O ciel ! notre ennemi s'avance.
    Venez, retirons-nous ;
    Allons, de la vengeance,
En secret, préparer les coups.

P H A R A N et L E S S I E N S, *à demi-voix*.

    Allons, de la vengeance,
En secret, préparer les coups.
           (Ils se retirent.)

SCENE II.

JOSUÉ, PLUSIEURS CHEFS DE SON ARMÉE, LÉVITES,
PEUPLE.

JOSUÉ.

LE voilà, ce séjour promis à nos aïeux,
  D'Abraham antique héritage !
Le Dieu qui dans les mers assura leur passage,
Fait aujourd'hui pour nous, ce qu'il a fait pour eux.
  (*aux Lévites.*)
Accomplissez la loi que le ciel m'a dictée,
Lévites, par son choix admis à cet honneur :
Autour de ces remparts, que l'arche soit portée.
  (*au Peuple.*)
Vous, par de saints accords, rendez grace au Seigneur.

  CHŒUR (*de Mozart.*)

  Heureux et doux asyle,
  Objet de tous nos vœux ;
  Salut, séjour fertile,
  Aspect délicieux.
  Ici, tout nous enchante,
  Quels dons nous sont offerts !
  Chantons la main puissante
  Du Dieu de l'Univers.
(*Pendant ce chœur, on porte l'arche autour des remparts.*)

SCENE III.

LES PRÉCÉDENS, HORAM.

JOSUÉ.

Ciel!.. Horam! se peut-il! Viens rassurer un pére;
Que sur le sort d'un fils ton amitié m'éclaire;
  Où le chercher?

HORAM.

   Dans ces murs ennemis.

JOSUÉ.

Quel motif l'a conduit?

HORAM.

    Une sainte espérance.
Tu peux cesser de craindre; et déjà ma présence
  Te répond des jours de ton fils.
Le roi veut le remettre en tes mains paternelles.

JOSUÉ.

Ce barbare!

HORAM.

   Le roi rompt nos chaînes cruelles.
« Allez, nous a-t-il dit, chargés de mes bienfaits,
» Portez à Josué le rameau de la paix.
  » Pour partager ces champs fertiles,
» Faut-il donc de la guerre éprouver les hasards?
» Confondus avec nous, accourez dans nos villes,
» Venez, nous vous ouvrons nos cœurs et nos remparts ».

SCENE IV.

Entrée de jeunes Cananéennes amenant les prisonniers.
Elles dansent.

CHŒUR, *chanté et dansé* (de Paër.)

ENTRE nous, que la haine finisse,
Préparons les nœuds les plus doux ;
Qu'à jamais, l'amitié nous unisse,
Nous vous rendons des frères, des époux.

CHŒUR DES HÉBREUX.

O bonheur ! on nous présente
Les douceurs de la paix.

ENSEMBLE.

Quel bonheur se présente !
Pour nous, que ce jour a d'attraits !

(*On dépose les armes.*)

JOSUÉ.

Où courez-vous ? ô coupable imprudence !
Ignores-tu, peuple ingrat et léger,
Qu'avec l'idolâtre étranger

Dieu nous défend toute alliance?
Ne comptons plus que sur notre vaillance,
Marchons.

SCENE V.

LES PRÉCÉDENS; RAHAB, *les cheveux épars,
dans le plus grand désordre.*

RAHAB.

HÉBREUX, écoutez-moi!

LES PRISONNIERS, HORAM.

Rahab!

RAHAB, *rapidement.*

Oui, Josué, Rahab est devant toi.
Par le roi même, en ces lieux envoyée,
Quels que soient ses desseins, à sa voix j'obéis.
Puissé-je vous sauver sans perdre mon pays!
Hélas! de tout côté, mon ame est effrayée;
S'ils acceptent la paix, les Hébreux sont trahis;
S'ils attaquent nos murs, Éliézer expire.
Contre vous, contre lui, tout un peuple conspire.
Repassez le Jourdain, retournez sur vos pas;
Voilà votre salut.

JOSUÉ.

Je l'attends des combats.

E

 LA PRISE

RAHAB.

Ah ! pour Éliézer, c'est l'arrêt du trépas.

AIR (de Cimarosa.)

Dieu ! quelle affreuse image !
Pleurez, pleurez un fils ;
Du plus noble courage,
La mort sera le prix.
Pour frapper sa tête,
Déjà le fer s'apprête,
Et son sang va couler ;
Que ma prière arrête
Le bras tout prêt à l'immoler !

Eh quoi ! votre tendresse
Ne peut le secourir ?
Au péril qui le presse,
Eh bien ! j'irai m'offrir ;
Je cours ou le sauver, ou près de lui mourir.

(Elle sort, les femmes la suivent.)

SCENE VI ET DERNIÈRE.

LES PRÉCÉDENS; JOSUÉ.

JOSUÉ.

JUSTE ciel ! que ta voix m'éclaire !
Verrai-je à leur fureur mon fils sacrifié ?
Mon fils !.. Mais de ton peuple, à mes soins confié,
　　Hélas ! je suis aussi le père.
　　Parle, mon Dieu ! que dois-je faire ?
(On entend une musique aérienne ; des nuages des-
cendent et couvrent le théâtre. Josué et le peuple se
prosternent.)

CHŒUR *des anges*, (de Scarlatti.)

　　　　Que l'espérance
　　　　Renaisse pour toi!
　　　　Dieu récompense
　　　　Le zèle et la foi.
　　　　Vois sa vengeance
　　　　Tout près d'éclater ;
　　　　Vois l'assistance
　　　　Qu'il vient te prêter.
(Le nuage s'ouvre, et laisse voir les anges extermina-
teurs armés d'épées flamboyantes.)

JOSUÉ.

Amis, Dieu se déclare, il prend notre défense !
　　Voyez ses ministres armés,

Dans des nuages enflammés,
Verser sur Jéricho les feux de la vengeance !
De sa chûte c'est le signal ;
Organes des combats, trompettes belliqueuses,
De ces tours orgueilleuses
Sonnez l'instant fatal.

On entend les trompettes ; les remparts tombent ; on voit Eliézer près de Rahab ; ils allaient être sacrifiés, on les sauve. La ville est incendiée. La symphonie d'Haydn, exprimant un tremblement de terre, finit cette troisième partie.

FIN.